Mon Rubaiyat

Sadakichi Hartmann

Writat

Cette édition parue en 2024

ISBN : 9789361460760

Publié par
Writat
email : info@writat.com

Contenu

AU LIEU D'UNE PRÉFACE :

William Marion Reedy,

Miroir Saint Louis :

Je vais laisser tomber le masque et vous révéler le secret de mes vers. Vous dites qu'ils vous impressionnent comme étant inégaux et inachevés. Je suis tout à fait d'accord avec vous. Comme je l'ai déclaré dans mon annonce au public, un poème de la portée et de la portée de « Mon Rubaiyat » n'est jamais complet. Nul doute qu'elle connaîtra de nombreux changements au cours des dix prochaines années. Je dis délibérément dix ans. Vous voyez, je possède l'arrogance de la conviction. Je crois qu'il survivra, simplement parce qu'il touche une corde sensible et qu'il tente, aussi vaguement soit-il, de reproduire une mélodie brisée qui fredonne dans tous les esprits. Quelqu'un d'autre peut s'aventurer sur des chemins similaires et réussir à plaire même aux plus exigeants en matière de rimes. « Mon Rubaiyat » risque d'être rangé au fond des étagères. Eh bien, nous verrons. Je regarde mon travail avec des yeux objectifs. Ce n'est plus qu'un jeune maintenant. Il grandira et personne ne regardera sa croissance avec plus d'appréciation que moi -même . Le nombre de vers n'augmentera pas, mais j'espère sincèrement qu'ils gagneront en clarté et en force ainsi qu'en richesse d'expression musicale et picturale.

Quant à la versification, permettez-moi de faire cette explication. J'ai choisi la strophe de huit syllabes en raison de sa concision d'expression. Il est le moins souple à toute précipitation et swing de rythme, mais plus propice à la transmission d'humeurs et de pensées fragmentaires. L'omission de la rime, je l'ai essayée pour la seule raison que sa difficulté technique. Faire lire des lignes sans rimes comme un poème est la tâche la plus laborieuse qu'un compositeur puisse se fixer. C'est la vanité de l'étranger de montrer sa maîtrise d'une langue qui n'était ni celle de son père ni celle de sa mère. Mais je m'oppose à votre déclaration selon laquelle je dédaigne le rythme. J'ai un vague soupçon que vous parlez vraiment de mètre. Mon rythme est rude, volontaire et sujet aux impuretés, comme par exemple compter les deux dernières syllabes de mots comme «plus heureux» et «plus ensoleillé», soit par une, soit par deux, tout comme ma fantaisie, ou plutôt mon appréciation du rythme, me le dicte. Mon rythme change constamment mais il est palpable, pour ainsi dire, à tout moment. J'ai une certaine expérience en tant que lecteur (même si les élocuteurs peuvent hausser les épaules face à mon style d'interprétation - qu'ils haussent les épaules) et j'ai, chaque fois que j'écris, l'habitude de lire à haute voix les mots au fur et à mesure que je les écrit. Lire signifie donner un certain sens et un certain swing, une certaine couleur et un certain son aux mots au fur et à mesure qu'on les prononce. Si mes vers contiennent cette possibilité de gratification auditive , ils ne peuvent pas être totalement dépourvus de rythme. Il ne fait aucun doute que mon sens de l'allitération sonore est étranger, inconsciemment oriental. Je ressens une relation solide, non, même une suggestion de rime dans des mots comme « chance » et « printemps », « troupeau » et « pieds » à la fin des strophes successives. L'allitération des poètes japonais est beaucoup plus subtile (en raison des particularités de la langue) que la musique des mots de nos Lanier et Whitman , bien qu'elle ne soit jamais conduite avec la précision élaborée d'un Poe ou d'un Swinburne. Cela reste toujours fragmentaire , cela ressemble rarement à une orchestration complète . De plus, mes lignes n'ont pas le mérite d'une structure contrapuntique. Pourtant, ils ont une qualité qui est généralement négligée. Ils possèdent une harmonie picturale. Mon association longue et persistante avec l'art me fait non seulement voir mais aussi penser les choses en images. Les images abondent tout au long de « Mon Rubaiyat » pour tous ceux qui ont la vision picturale mentale pour les voir. Des vers comme « devenez des fantômes avec le matin le plus froid » et « dans une ville perchée parmi les roses » sont aussi concentrés que n'importe quelle image que l'on peut trouver dans un *tanka* (c'est-à-dire un court poème japonais).

Les critiques peuvent soutenir que la suggestion picturale *en soi* , en tant que caractéristique principale d'un poème, n'est pas conforme aux formes acceptées de la poésie. Cette objection n'a aucun sens pour moi. Sans l'esprit d' innovation, rien n'aurait été incité à écrire ce poème. Comme les compositeurs de l' époque, je crois aux anciens idéaux mais aux nouvelles méthodes d'expression.

Mon ambition était d'écrire un poème simple qui plairait à tous ; aux femmes de chambre comme aux connaisseurs, aux hommes d'affaires ordinaires ainsi qu'aux âmes artistiques solitaires. Qui décidera si j'ai réussi ou échoué ? Uniquement le grand public. Le poème, sans doute, est trop didactique pour des esthétiques fragiles qui ne glorifient que des mots évanescents, mais ce n'est sûrement pas un défaut pour tenter d'exprimer la pensée. Même les représentants des écoles modernes tentent de le faire – de temps en temps. La manière de s'exprimer est une autre affaire. Il est critiquable. Mais les excuses selon lesquelles un critique ne sait rien d'un certain sujet, et pourtant en même temps les piqûres délibérées sur cette épine dans la chair de son ignorance, sont tristes à envisager. La rime est sûrement dépassée. Et le prétendu manque de rythme n'est qu'imaginaire. Aimeriez-vous la musique japonaise ou chinoise ? Très probablement pas et pourtant ils contiennent un rythme aussi fin et une qualité musicale aussi fine que n'importe quelle composition moderne. Seulement, ils sont plus vagues, subtils, différents .

Et c'est sur cette différence que reposent tous les arguments logiques et évasifs. La philosophie pratique contenue dans « Mon Rubaiyat » peut bien sûr être attaquée parce qu'elle est non morale ou non religieuse, mais la technique du poème ne peut être discutée que d'un seul point de vue.

Cordialement,

SADAKICHI HARTMANN .

MON RUBAIYAT

JE.

Que devrions-nous rêver, que devrions-nous dire,

En ce triste jour, dans ce triste climat !

Dans le jardin les asters fanent,

La fumée des feux de mauvaises herbes brouille la plaine,

Les heures passent avec une grâce maussade—

Pouvons-nous être gay quand le ciel est gris !

II.

La joie se révélerait-elle un hôte plus stable ,

Dans les terres du Sud, entourées de palmiers et plus ensoleillées,

Un monde ambiant de vert et d'or

Attisé par le charme de l'Orient laïc !

C'est une vaine illusion de penser ainsi

Cette vie va changer avec le changement de décor.

III.

L'homme ne peut échapper aux faits.

Hélas, le devoir sévère semble suprême,

Pour certaines choses que nous devons accomplir,

Obéissez à l'appel des voix intérieures.

Les jours calmes et joyeux ne peuvent être courtisés

A moins que notre conscience ne soit en paix.

IV.

La vie est pour la plupart une tâche fastidieuse,

Une lutte incessante pour le pain quotidien,

Nous ne pouvons pas agir comme nous le souhaiterions,

Nous ne pouvons pas gagner ce que nous luttons.
Pour supporter le fardeau avec joie
C'est tout ce que cette terre nous permet .

V.

Notre âme fatiguée avec un léger sourire forcé
Mais aborde rarement les thèmes les plus élevés,
Fair Hafiz et Anacréon
Ont-ils bu, ri et chanté en vain !
Le bosquet et la grange ne cèdent plus
Les idylles de Théocrite !

VI.

L'homme était-il autrefois plus heureux qu'aujourd'hui ?
Qui est là pour raconter l' histoire
Des esclaves ou des Césars du passé ?
Pourtant notre sang est agité chaque printemps,
Pourtant les livres et la musique nous font rêver,
Pourquoi pleurer les « neiges d'antan » ?

VII.

Il y en a toujours eu de plus favorisés
Qui se prélasse sans soucis sous le soleil de la fortune.
Les autres ont travaillé dur. Et toi et moi ?
On entend les mêmes rimes récurrentes,
Comme le changement des saisons, nuit et jour,
Nous venons simplement, séjournons et partons.

VIII.

Nous entrons dans le monde sans y être invité,
Parcourez les routes comme nous le savons le mieux.

L'un est né riche, l'autre pauvre,

Qui sait ce qui aide le plus un mortel.

Avant de dormir, nous nous frottons les yeux

Nous sommes pour toujours ce que nous sommes.

IX.

Le rire de l'enfance est parti,

Les châteaux jouets que nous avons construits sont perdus—

Pouvons-nous racheter dans les jours à venir

Les déceptions du passé !

Nos chansons de crèche vont-elles changer

Dans des chants d'amour jubilatoires !

X.

Une jeunesse étourdie, tout sourire

Dans les jardins baignés de rosée les matins de printemps

Aucune attention ne prend à la furtivité du cadran.

La jeunesse veut conquérir, gouverner les sphères,

Pendant que le soleil poursuit sa course impitoyable

Et les ombres commencent à s'allonger.

XI.

Dans les bois ouverts une nuit d'été,

Le bruit du vent dans les feuilles—

Deux amants vagabonds main dans la main—

Au-dessus de la cime des arbres, la lune errante.

Oh, cette folle envie de posséder !

Gaspiller l'âme sur des lèvres rouge sang.

XII.

Le sexe est un pouvoir que tous chérissent,

Nous l'adorons à genoux,

Comme le vieux vin, il produit la magie

D'oubli et d'extases,

Les instants dérivent sur des nuages dorés

Vers les régions du blanc au-delà.

XIII.

Hélas, les plaisirs ne durent jamais,

Que nous devons quitter les bois des fées

Et longez la grande route.

Même si les horizons peuvent nous attirer,

Ils nous fuient plus nous poursuivons

Aux distances que nous ne pouvons jamais atteindre.

XIV.

Plus nous donnons, moins nous gagnons...

C'est une vérité amère à dire.

Pourtant la passion est une chose éphémère

Alors que les fleurs fanent dans la chaleur de l'été,

Ainsi des baisers avides, cuisse contre cuisse

Transformez les fantômes avec le matin le plus froid.

XV.

Pourquoi, ma chérie, m'as-tu quitté !

Pourquoi un ami doit-il partir d'un ami.

Peut-être que je trouverai la réponse

Au milieu des vents hurlants et de la pluie

Où les forêts sombres se balancent et gémissent

Et les éclairs agitent les repaires les plus sombres.

XVI.

Rares sont ceux qui pensent pouvoir donner sans gain,
Ils tentent de troquer avec amour.
L'amour vient, il est ici, il s'en va
Laissant les yeux mouillés et les cœurs brisés.
Comment, quand on est jeune, peut-on deviner :
L'hiver de l'amour ne revient jamais au printemps.

XVII.

L'amour est une croissance, une plante merveilleuse
Qui disperse ses gousses sans être vu,
Qui répand les délices inconnus les plus rares
À ces quelques-uns qui adorent le rêve.
Car l'amour gaspille tous ses trésors,
Pourquoi devrait-il demander un retour ?

XVIII.

Quand la jeunesse s'en va, quand l'amour s'éteint,
À la routine grise, l'espoir s'amenuise,
Soupez bien, asseyez-vous au chaud, buvez profondément, dormez bien,
ainsi les heures depuis le verre.
De nouvelles perspectives vous attendent ici et là
Pourtant les hommes restent, maussades, là où ils sont.

XIX.

Oh, pour échapper à la ville,
Dans la nuit bleue et chatoyante,
Cela parle de tout ce que j'aurais pu aimer,
Cela parle de tout ce que j'avais envie de voir,
Comprendre, posséder et ressentir :

Pourquoi est-ce que si peu m'est venu !

XX.

Ah, mon destin n'est pas différent,

C'est comme ça de tout le reste.

Des fleurs poussaient au bord du chemin...

Ils étaient à moi. Je ne les ai pas sélectionnés.

Il y avait des chances de bénédiction

Quand nous sommes tous les deux restés impuissants.

XXI.

Un être peut-il jamais être le vôtre ?

Connaissez-vous les pensées d'un ami?

Pourquoi éloigner vos souhaits des étrangers

Quand tu possèdes un cœur qui est vrai ?

La lumière du soleil passe. La nuit approche.

Avez-vous été fidèle à quelqu'un ?

XXII.

Nous récoltons la récolte que nous semons.

Les récoltes riches peuvent brûler sous une chaleur sans pluie

Déchets pendant la nuit à cause du vent ou du gel—

Les dures lois du hasard et des circonstances !

Pourtant, si tes graines étaient vaines comme de la paille

Le vôtre ne viendra jamais à vous.

XXIII.

Laissez-moi passer au bord de la mer.

Regardez la traversée des voiles blanches,

Les mouettes dans leur vol en spirale,

Les brisants qui éclairent les vagues,

Et comme dans les promenades de l'enfance
Jetez des cailloux dans la mer.

XXIV.

Ils sautent sur la surface brillante,
Ils coulent et disparaissent de la vue
Comme tout ce qui demeure sur cette terre.
Pourtant, en surface, comme une pensée errante,
Chaque ondulation possède une influence intérieure
Et comme une vague remue la saumure azurée.

XXV.

Le cercle s'élargit, va plus loin,
Avec chaque émotion vivement ressentie
En avant, il pousse à travers les vagues
Des océans fouettés par les tempêtes à déplier
Sa marée de beauté sur le rivage
D'une île balayée par l'espoir et ensoleillée.

XXVI.

Et là, au milieu d'un air plus rare
Pour s'épanouir dans une grande action -
Que cela soit fait à la main ou par l'esprit -
Pour le bouleversement de la course,
Pour atteindre un sommet de vérité
Où la lumière vous enveloppe et tout.

XXVII.

C'est le pays où les esprits géants,
Plus vaste que la lumière, plus vaste que l'espace
Écoutez les murmures de l'infini,

Et avec une fière tristesse dans les yeux,

Leurs coursiers à crinière sauvage toujours prêts,

Envolez-vous loin dans les cieux de la pensée.

XXVIII.

Pourtant, qui peut suivre des vols comme ceux-ci,

Qui arrache les étoiles de la voûte bleue de la nuit !

L'imagination, chose paresseuse,

N'obéira pas aux humeurs les plus gaies,

Notre esprit ne peut regarder qu'aussi loin

Comme le destin lui a prêté des yeux pour voir.

XXIX.

Les hommes ne pensent pas, ils rêvent simplement,

Ils n'aspirent qu'à des choses grossières et grossières,

Poursuivant follement les feux follets,

Ils tentent de saisir le succès par la force,

Cela les attire vers des scènes plus sauvages

Où les loups en meute chassent des proies lugubres.

XXX.

Pourquoi cette hâte sourde, ce gaspillage sordide

Des plus grands pouvoirs de la jeunesse et de la virilité ?

Pour amasser des richesses pour vos héritiers

Les intérêts les plus élevés semblent faibles,

Et aucun être humain ne commande la santé,

Il ne peut pas non plus contenir d'amitié ou d'amour.

XXXI.

Beaucoup font comme d'autres,

Ils ne peuvent pas sortir de la moisissure verte

Avec lequel leurs pensées sont envahies.

Pour eux, aucun pétale de lotus ne souffle,

Ils s'inclinent maussadement devant n'importe quel joug,

Et comme une taupe, creuse sous le sol.

XXXII.

Ainsi les gens nés dans des classes modestes

Doit traîner son fardeau jour après jour,

C'est difficile de réparer ce qui est inné

Et ralentissez l'ascenseur vers des plans plus élevés.

Si la corvée règne du matin au soir,

Ils doivent subir un fléau terrestre.

XXXIII.

Ils remuent les charbons , pressent les soufflets...

Le fer blanc scintille dans la forge

L'air est poussière, les maisons noires,

Les dragons de fumée s'enroulent autour du culm et s'empilent

Et crache une haleine fétide dans la rue.

Où est le soleil? Le jour est-il devenu nuit ?

XXXIV.

A quoi bon parler à des serfs comme ceux-là

Des odeurs douces de foin fraîchement tondu,

Fleurs rouges et bleues dans le blé,

L'ancienne ferme, les granges et les écuries,

Les vaches rentrent chez elles d'un pas traînant sur la route du coucher du soleil—

L'angélus sur les champs de récolte.

XXXV.

Il y a de la joie dans le travail ; Donc ils disent,

Et bien que ses louanges soient chantées,

Ou l'humanité dans un désespoir pâle

Quitterait l'usine, la forge et l'atelier,

Continuer à vivre leur labeur quotidien

Sans penser que la mort est proche.

XXXVI.

Les hommes qui ont peur de la mort ne pensent pas

De leur vague signification sur cette terre.

Aveuglément, ils espèrent le bonheur après coup

Ou se moquer de choses qu'ils ne peuvent pas deviner,

Car la mort n'est-elle pas la cause de tout

Cela a toujours troublé le cerveau humain !

XXXVII.

Pourquoi vivons-nous, pourquoi espérons-nous,

Pourquoi ce monde existe-t-il !

Comment oser aimer et s'accoupler

Quand chaque chemin est semé d'épines,

Quand les enfants partagent notre destin

Et l'âge est heureux d'accueillir la nuit !

XXXVIII.

Et c'est un sommeil et une nuit sans fin.

Délivrance ou nouvelle douleur aiguë ?

poix chaude ou ambroisie rassis !

Il y a trop de dieux adorés,

L'un peut-il avoir raison, tous les autres ont tort ?

Qui résout le problème pourquoi nous le sommes ?

XXXIX.

Il n'y a pas de réponse à la quête,

Qui sait où nous nous reverrons !

Les royaumes des étoiles s'ouvrent la nuit

Parlez-nous d'autres mondes merveilleux...

Tournent-ils dans l'espace pour nous,

Y respirerons-nous un air plus ample ?

XL.

Suivez vos pèlerins de l'Est

À travers les allées de cyprès sombres,

À travers les temples dorés, les portails rouges—

Fidèles, ils gravissent la colline sacrée

Et là, je suis confronté à un espace vide

Est-ce le sceau de la tombe !

XLI.

Certains pensent savoir et d'autres doutent,

Mais qui peut offrir du baume à tous.

Si tout était bon et juste pour se rencontrer

Pas besoin qu'il y ait du paradis,

Nous n'aspirerions pas à d'autres ciels

Et récoltez les fruits de chaque arbre.

XLII.

Mais quel triste usage le monde a fait

De la plénitude infinie de la nature.

Le franc et libre, le sain d'esprit et le vrai

Sont foulés aux pieds par des foules insensées.

La cupidité, stérile, sans vergogne, règne en maître,

Il n'y a pas de place pour Christ sur terre.

XLIII.

Ils rêvent de paix universelle

À une époque où la cupidité encore plus grossière grandit

Qu'au temps des Skalds et des Huns...

Oh, rêve d'une course fraternelle,

Du bonheur à tous les hommes !

Quand l'amour sera-t-il plus fort que la guerre !

XLIV.

L'épée brisera l'épée, disent-ils,

Et la force étouffera la force un jour .

Ainsi les hommes marchent vers les batailles rouges,

Leurs corps mutilés jonchent les plaines,

Tandis que sur le cadavre la mère gémit,

Son premier-né tué, sa fierté de vivre.

XLV.

Pourquoi les jeunes devraient-ils être tués à distance,

Les courses luttent dans un embrayage mortel !

N'y a-t-il plus de champs en jachère à labourer ?

La faux de la mort n'est-elle pas assez aiguisée ?

Oh, humanité, quand te réveilleras-tu

À un honneur plus noble que la mort !

XLVI.

Si aucune armée en marche ne marche

Répondit au clairon d'une nation,

Si petits et grands refusaient de supporter

Armes contre des frères qu'ils ne connaissent pas,

Alors seulement, dans un futur sombre

Puissions-nous saluer les colombes de l'aube de la paix.

XLVII.

Une guerre sainte doit être menée —

Pour rendre l'homme et la femme libres :

Le monde clignotera avec des feux de signalisation,

Chaque terre résonne de la voix de son peuple.

Car de ces ruisseaux cramoisis

Une vie plus saine et chaleureuse au soleil s'élèvera.

XLVIII.

Pour certaines choses, les besoins doivent être modifiés,

Les temps ne peuvent pas rester aussi mornes et gris.

Les hommes doivent mener une vie plus libre, soufflée par le vent,

Les femmes ne perdent plus leur floraison

Dans la corvée du lit et du tarif,

Et les enfants vieillissent avant l'heure.

XLIX.

Des courants d'air pur, des faisceaux de lumière éclatants

Sont des cadeaux gratuits venant du ciel,

Pourquoi les mères tristes et les enfants fragiles

Dans des taudis sombres et macabres,

Geler et mourir de faim, et avec les yeux assoiffés

Voyez la joie avec le chant et la danse défiler.

L.

Et la faim est une chose effrayante.

Il éclipse la meilleure partie de l'homme,

Il ne laisse rien d'autre qu'une enveloppe desséchée

De quelque chose qui devrait vivre et respirer.

Toutes les impulsions les plus nobles se transforment en fantômes,

Des lieux inexplorés et obsédants de l'esprit.

LI.

Il lève le couteau à des coups mortels,

Il transforme en brutes tous ceux qu'il domine,

Il serre les torches dans les poings,

Et les hommes pacifiques se révoltent.

Nous sommes au bord des volcans

Pourtant, ils les parsèment en souriant de maisons.

LII.

Que pouvons-nous faire, comment pouvons-nous aider !

Les pauvres ne pourront jamais aider les pauvres,

Les aumônes riches mais dispersées dérivées

De ce qui est dû au troupeau commun.

Les parcelles de mauvaises herbes sont bondées,

Qui trace un chemin pour les pieds fatigués !

LIII.

Oh, l'impuissance des personnes âgées,

Des nécessiteux, des malades et des solitaires.

Pouvez-vous expliquer pourquoi ils souffrent,

Certains doivent-ils tout perdre tandis que d'autres prospèrent ?

Personne ne peut porter un vêtement sans épines couronne

Sans nuire à l'humanité ?

LIV.

Oh, ces maisons de raison corrompue,

Qui ne pleurerait pas devant des spectacles comme ceux-là.

Il y a quelques années , ils étaient comme nous,

Ils travaillaient et jouaient, ils aimaient et riaient,

Et maintenant, des bêtes sans raison ;

Où se sont trompés leurs joies et leurs espoirs d'antan !

LV.

Et ceux qui se cachent dans le péché mortel,

Dont le livre de vie lit sang et or,

Voleurs, bandits, parias, vagroms ,

Victimes éternelles de la loi,

Qui ne peut pas changer, qui n'a aucune chance

Pour laver leurs mains sales du crime.

LVI.

Ils ne savent pas quoi faire sur terre,

Leur coupe est remplie de haine et de désir.

Aucun ne leur a enseigné. Allez-vous leur apprendre ?

Avez-vous une âme plus grande qu'eux ?

Vous avez tiré un numéro porte-bonheur,

Pour eux, la fortune gaie s'est égarée.

LVII.

Dans une gentillesse insensée, certains aspirent

Pour panser la blessure toujours douloureuse,

Et ainsi ils enseignent, et ainsi ils prêchent.

Comme c'est vain de penser que ton idée

Peut guérir la vanité des choses,

C'est un volant et un Battledore.

LVIII.

Comment puis-je donner les bonnes directions

Quand je suis moi-même un vagabond !

En avant je me promène et toujours

À ma manière, courtisant le soleil

Et façonner Arcadia

Des vents qui passent et des nuages volants.

LIX.

Car mon bonheur ne peut pas être le vôtre ;

Dans une humble extase, je pourrais vivre

Dans une ville perchée, parmi les roses,

Avec des rouges-gorges se régalant à ma table,

Tandis que les bois et les champs, les vallées et les ruisseaux

Autour se trouverait ma terre promise.

LX.

Vous n'aimerez peut-être pas un tarif aussi simple,

Pour vous, les vents risquent de souffler trop doux.

Je ne peux pas fouler tes routes bien pavées

Bien que verdoyants, ils peuvent vous paraître.

Chaque chemin mène à un point de vue,

Ce que vous préférez est le meilleur pour vous.

LXI.

Nous voulons du soleil mais aussi des ombres,

Chaque joie exige sa note de douleur,

Chaque joue doit connaître la chute des larmes

Que de nombreux espoirs rêvés étaient vains.

Le chagrin déterre des trésors inconnus

Dans les cavernes de l'esprit.

LXII.

Avez-vous déjà perdu un trésor
Plus précieux que l'or ou la santé !
Traînait un corbillard blanc aux pas chancelants
Qui a emporté ton rêve le plus cher,
Assis sur le lit de mort de ta mère.
Ou fermer les yeux ternes d'un ami !

LXIII.

Vous savez, le gel qui glace le noyau,
Que tout ce que nous aimons n'est que l'argile.
Silencieux, un bateau glisse sur le Styx,
Pourtant, il laisse la lumière dans son sillage ;
les plaines fatiguées verdissent sous la pluie
L'âme se dilate dans les nuits étoilées.

LXIV.

Les larmes sillonnent la pensée, elles renforcent la volonté,
Nettoyez les lieux impurs de l'esprit,
Apportez une lumière apaisante aux cœurs des naufragés .
Heureux ceux qui, poussés par le chagrin,
Des moments lumineux arrachés à des vagues de douleur
Et naviguent sur leurs barques vers des ports paisibles.

LXV.

C'est la vraie philosophie,
Chaque enfant peut apprendre la leçon...
Tracez votre propre voie du mieux que vous pouvez
Sans empiéter sur un terrain étranger ;

Souriez, jouez, chantez et soyez en vie

À chaque coup de circonstance.

LXVI.

Pour rencontrer les heures comme elles viennent,

Saluez les jours qui passent,

Pour ne plier le cou au joug de personne,

Pour être pleinement maître de soi,

Pour faire preuve de gentillesse quand vous le pouvez...

C'est le bonheur de la vie.

LXVII.

Pour aider un ami dans le besoin,

Pour dire un mot aux opprimés,

Penser à des choses qui aident l'humanité,

Pour disperser la joie, non demandée, non bénie -

Car les esprits savants devinent le reste.

C'est le bonheur de la vie.

LXVIII.

Oui, la vie est vaine , la vie est vide,

Mais pourquoi répéter un triste refrain,

Cet écho des quatrains de Khayyam,

Tant que chaque jour a un lendemain,

Tant que les vergers refleuriront,

Et les gobelets vides peuvent être remplis à nouveau.

LXIX.

Même si nous rappelons que les jours sont courts,

Faisons fredonner les instants qui passent.

Les abeilles murmurent dans la bruyère,

Le droséra n'existe-t-il que pour eux !
Un peu de joie aujourd'hui semble plus juste
Que les bastions les plus brillants d'Espagne.

LXX.

Il y a des joies que tous peuvent atteindre ,
Pour épouser une cause aussi légère soit-elle,
Pour accueillir des amis fidèles,
Pour fonder votre propre propriété,
Où les mères rient et les enfants s'ébattent,
Et là-bas, il y a de la santé et du parfum.

LXXI.

Un jour, la religion sera impartiale
Peut parrainer les besoins sévères du jour,
La vie devient libre et joyeuse
Sans la magie noire de la loi.
La science et l'art prouvent leur utilité
Et accélère les battements de cœur de tous.

LXXII.

Vous, les gens, sortez de vos rêves,
Courtisez la fortune et vous pourrez la gagner,
Remplissez le monde d'actes de bonne humeur,
Oubliez les soucis gris et le labeur irrégulier,
Affrontez courageusement la houle et le vent
Et partez vers des promontoires inconnus.

LXXIII.

Cherchez la beauté et vous la trouverez,
Bravez le déferlement de la rue bondée,

Ou reposez-vous sur la pente verte de la montagne

Et communier avec les arbres et les oiseaux,

Avec le sol et les rochers moussus ,

Et priez au sanctuaire des dieux.

LXXIV.

Il y a des roses et il y a de la jeunesse,

Il y a des joies, des peines et de l'amour,

L'aube et le crépuscule, le soleil de midi,

Les plaines vallonnées, le ciel et la mer,

Aucun n'a perdu son mystère d'antan,

Les événements passent , la beauté survit .

LXXV.

Arrachons la beauté de tout ce qui existe,

Chacun à sa manière,

Et allègrement la vie coulera,

Rare comme une longue veille d'été,

Et nous saluerons et bénirons chaque instant

Avant qu'il ne disparaisse dans le noir.